BEI GRIN MACHT SICH IHR WISSEN BEZAHLT

Die qualitative Inhaltsanalyse und Fragenformulierung bei Interviews

Katarina Staletovic

Bibliografische Information der Deutschen Nationalbibliothek:

Die Deutsche Nationalbibliothek verzeichnet diese Publikation in der Deutschen Nationalbibliografie; detaillierte bibliografische Daten sind im Internet über http://dnb.d-nb.de abrufbar.

ISBN: 9783346811103
Dieses Buch ist auch als E-Book erhältlich.

Druck und Bindung: Books on Demand GmbH, Norderstedt Germany
Gedruckt auf säurefreiem Papier aus verantwortungsvollen Quellen

Das vorliegende Werk wurde sorgfältig erarbeitet. Dennoch übernehmen Autoren und Verlag für die Richtigkeit von Angaben, Hinweisen, Links und Ratschlägen sowie eventuelle Druckfehler keine Haftung.

Das Buch bei GRIN: https://www.grin.com/document/1322154

Einsendeaufgabe

Wissenschaftliches Arbeiten – Vertiefung I

Aufgabennummer:

B

SRH Fernhochschule

Modul:

Wissenschaftliches Arbeiten - Vertiefung I

Studiengang:

Psychologie B.Sc.

Verfasserin:

Katarina Staletovic

Inhaltsverzeichnis

1 Aufgabe B 1: Qualitative Inhaltsanalyse

1.1 Definition qualitative Inhaltsanalyse

Der Zweck der Inhaltsanalyse besteht in der konsequenten Analyse von Kommunikationsmaterial. Die qualitative Inhaltsanalyse entstand in den 1950er Jahren durch Siegfried Kracauer (1952). Eine einheitliche und präzise Begriffsdefinition gibt es jedoch bis heute nicht, da mithilfe der Inhaltsanalyse mehr als nur der Inhalt von Kommunikation analysiert wird.[1]

Eine mögliche Definition hat Christoph Stamann, wissenschaftlicher Mitarbeiter an der Hochschule Magdeburg-Stenda, zusammen mit seinen Kollegen ausgearbeitet: „Unserem Verständnis nach ist allen qualitativ-inhaltsanalytischen Verfahren die Systematisierung von Kommunikationsinhalten mit dem Ziel einer in hohem Maße regelgeleiteten Interpretation gemein. Daher handelt es sich bei der qualitativen Inhaltsanalyse um eine Forschungsmethode zur Systematisierung von manifesten und latenten Kommunikationsinhalten. Die Methode zeichnet sich durch eine Vielzahl von forschungskontextuell spezifischen Verfahren aus. Als grundlegendes Instrument für die angestrebte Systematisierung der Inhalte dienen Kategoriensysteme. Auswertungsgegenstand sind Texte aller Art im Sinne eines erweiterten Textbegriffes."[2]

Kuckartz und Rädiker gehen noch einen Schritt weiter und ergänzen die Definition von Stamann et al. wie folgt: „Unter qualitativer Inhaltsanalyse wird die systematische und methodisch kontrollierte wissenschaftliche Analyse von Texten, Bildern, Filmen und anderen Inhalten von Kommunikation verstanden. Es werden nicht nur manifeste, sondern auch latente Inhalte analysiert. Im Zentrum der qualitativen Analyse stehen Kategorien, mit denen das gesamte, für die Forschungsfrage(n) bedeutsame Material codiert wird. Die Kategorienbildung kann deduktiv, induktiv oder deduktiv-induktiv erfolgen. Die Analyse geschieht primär qualitativ, kann aber auch quantitativ-statistische Auswertungen integrieren; sie kann sowohl kategorienorientiert als auch fallorientiert erfolgen."[3]

Ergänzend nennt Mayring 15 Grundsätze der qualitativen Inhaltsanalyse:
„1. Notwendigkeit systematischen Vorgehens

2. Notwendigkeit eines Kommunikationsmodells

3. Kategorien im Zentrum der Analyse

4. Überprüfung anhand von Güterkriterien

5. Entstehungsbedingungen des Materials

---

[1] Vgl. *Schneijderberg et al.* (2022), S. 33.
[2] *Staman et al.* (2016), S. 5.
[3] *Kuckartz/Rädiker* (2022), S. 38.

6. Explikation des Vorverständnisses

7. Beachtung latenter Sinngehalte

8. Orientierung an alltäglichen Prozessen des Verstehens und Interpretierens

9. Übernahme der Perspektive des anderen

10. Möglichkeit der Re-Interpretation

11. Semiotische Grundbegriffe

12. Pragmatische Bedeutungstheorie

13. Nutzung linguistischer Kontexttheorien für Explikationen

14. Psychologie der Textverarbeitung

15. Nutzung von Kategorisierungstheorien zur Bildung eines Kodierleitfadens"[4]

Die Liste der Definitionen lässt sich beliebig fortsetzen. Anhand der oben aufgeführten wird jedoch bereits deutlich, dass Kategorien in der qualitativen Inhaltsanalyse von erheblicher Relevanz sind. Darüber hinaus gibt es keine Grenzen beim analysierenden Datenmaterial, es sollte aber eine systematische Herangehensweise erfolgen, bei der eine gewisse Vergleichbarkeit möglich ist. Letztlich ist das Ziel der qualitativen Inhaltsanalyse, sprachliches Material systematisch zusammenzufassen.[5]

1.2 Anwendungsbeispiele qualitativer Inhaltsanalyse

Die qualitative Inhaltsanalyse verfolgt das Ziel, kommunikative Inhalte regelbasiert zu analysieren. Im Rahmen des DFG-Projekts, bei der die Beschäftigungslosigkeit bei Lehrern im Fokus stand, wurden arbeitssuchende Pädagogen interviewt. Hierzu wurden ihnen folgende Fragen gestellt: Wie ist die Person durch die Situation gegangen, was war dabei die größte Belastung, wie schätzt die Person ihre Situation ein und schließlich wie ging die Person damit um? Diese Fragen wurden 75 beschäftigungslosen Lehrern 7-mal während eines Jahres gestellt. Darüber hinaus wurden biografische Fragen gestellt, bezüglich ihrer Berufserfahrung während der Ausbildung oder des Wegzuges von zuhause. Die Befragungen wurden auf Tonband aufgenommen und anschließend transkribiert. Das Resultat waren Protokolle mit einem Umfang von über 20000 Seiten, die mit der qualitativen Inhaltsanalyse aufbereitet wurden.[6]

Damit der richtige, zum Ziel der Studie passende Inhalt betrachtet werden kann, sind die folgenden Analyseschritte von großer Bedeutung:

- Festlegung des Materials: Hierbei ist zu klären, welches Material verwendet werden soll.

- Analyse der Situation: Dabei ist von Relevanz, wer der Verfasser ist und wie das

---

[4] *Mayring* (2015), S. 49.
[5] Vgl. *Kuckartz/Rädiker* (2022), S. 40-41.
[6] Vgl. *Mayring* (2015), S. 50-55.

Material produziert wurde. Der soziokulturelle Hintergrund oder der kognitive Handlungskontext des Verfassers sind ebenso essenziell.

- Merkmale des Materials: Ziel ist, eine Beschreibung der Form des geschriebenen Textes wiederzugeben, in der das Material vorliegt.

Sobald das Ausgangsmaterial beschrieben wurde, beinhaltet der nächste Schritt die Bestimmung, was genau interpretiert werden sollte. Als Nächstes werden spezifische Analysetechniken identifiziert sowie ein Ablaufmodell entwickelt. Um die Genauigkeit der Inhaltsanalyse zu verbessern, wird die Analyseeinheit erstellt.[7]

Codierungseinheiten bestimmen sowohl die minimale Materialzusammensetzung für die Bewertung als auch das kleinste Textstück, welches einer Kategorie angehört und ausgewertet wird. Die Kontexteinheit definiert dabei das größte, einer Kategorie angehörigen Textfragment. Schließlich entscheidet die Auswerteeinheit, welche Textteile nacheinander erschlossen werden. Ein Vorteil der qualitativen Inhaltsanalyse liegt in den einzelnen Interpretationsschritten, welche im Voraus bestimmt werden. Diese können von anderen Personen nachvollzogen und angewandt werden, was diese Methode wiederum zu einer wissenschaftlichen Methode qualifiziert.[8]

Als ein weiteres Anwendungsbeispiel kann die durchgeführte Studie 'Individuelle Wahrnehmung des Klimawandels – Missverhältnis zwischen Wissen und Handeln' herangezogen werden. Das Ziel war die Untersuchung der Ursachen für diese Diskrepanz. An dieser Stichprobe nahmen jeweils 30 Personen in zwei Altersgruppen teil: Zum einen 15- bis 25-Jährige und zum anderen 46- bis 65-Jährige. Die Studie beinhaltete zwei Teile. Eine qualitative, offene Befragung in Form von Interviews, in denen mittels eines standardisierten Begleitfragebogens die persönliche Einstellung zur Umweltrelevanz, diverse Risikobewertungen bezüglich des Klimawandel und deren Ursachen und persönliches Engagement ermittelt wurden. Außerdem wurden soziodemografische Daten wie Geschlecht, Alter oder Bildungsgrad einbezogen. Bei den qualitativen Interviews erfolgte eine wörtliche Transkription, dabei wurden die Daten aus den standardisierten Fragebögen direkt in die QDA-Software erfasst.[9]

Diese speziellen Computerprogramme wie QDA gehören heutzutage standardmäßig zu der qualitativen Datenanalyse. Die QDA-Software gibt keine bestimmte Bewertungsmethode vor, sondern es können verschiedene Arten von Daten und methodischen Ansätzen durchgeführt werden.[10]

Letztlich kann die Studie von Paul F. Lazarsfelds, Marie Jahoda und Hans Zeisel mit dem Namen „die Arbeitslose von Marienthal" als ein wichtiges Anwendungsbeispiel genannt

---

[7] Vgl. *Heiser* (2018), S. 93-94.
[8] Vgl. *Mayring* (2015), S. 55-65.
[9] Vgl. *Kuckartz* (2018), S. 98-100.
[10] Vgl. *Baur/Blasius* (2019), S. 444-445.

werden. In dieser wurden die sozialpsychologischen Aspekte der Langzeitarbeitslosigkeit in Österreich untersucht. Nach der Schließung der örtlichen Textilfabrik verloren fast alle Einwohner des Dorfes ihre Arbeit. Der Autor beschrieb dabei die im Dorf stattgefundenen Veränderungen: Das kulturelle Leben war verödet, die Bibliothek weniger besucht, das Vereinsleben hat abgenommen und die Feindseligkeiten haben zugenommen. Die Zielsetzung der Studie war, eine genuine sozialpsychologische Untersuchung mit modernen Erhebungsmethoden zu ermöglichen.[11]

Als Ort des Geschehens wählte das Forschungsteam das Industriedorf Marienthal in Niederösterreich. Sie wollten das Thema als Massenthema behandeln und somit rückte das ganze beschäftigungslose Dorf in den Vordergrund der Studie. Sie beschlossen, eine empirische Untersuchung mittels der Prüfung zweier Hypothesen durchzuführen: (1) Massenarbeitslosigkeit führt zur Radikalisierung von Arbeitern; (2) Beschäftigungslosigkeit führt zu Verzweiflung und Unbeteiligtheit der Arbeitslosen.[12]

Es wurden quantitative als auch qualitative Forschungsmethoden angewandt.

Zur empirischen Erfassung der Daten verwendeten sie:

- Dreiecksanwendung von quantitativen und qualitativen Methoden,
- eine vergleichende Erhebung objektiver Fakten und subjektiver Meinungen,
- Vergleich historischer und aktueller Daten,
- Kombination reaktiver und nicht reaktiver Erhebungsmethoden.[13]

Insbesondere wurden in der Studie die folgenden Methoden genutzt:

- Verdeckte Beobachtung: Die Bewohner von Marienthal wussten nichts von der Untersuchung.
- Die Mitglieder des Forschungsteams nahmen als normale Mitglieder am Dorfleben teil und erfüllten nützliche Funktionen.
- Feldbeobachtung: Die Untersuchung aller Aktionen und Veranstaltungen erfolgte in der Umgebung und nicht im Labor.
- Es wurden nur die Bewohner beobachtet. Deren Familienmitglieder als auch die Mitglieder des Forschungsteams waren nicht Gegenstand der Untersuchung.
- Strukturierte und unstrukturierte Beobachtungen: In einigen Fällen wurden Fragebögen (strukturiert) eingesetzt, in anderen Fällen wurden Protokolle mithilfe von Erinnerungen verfasst (unstrukturiert).
- Experteninterviews: Es wurden Befragungen mit Lehrern, Pfarrern, Ärzten und Geschäftsleuten durchgeführt.

---

[11] Vgl. *Heiser* (2018), S. 56-69.
[12] Vgl. *Pohl* (2004), S. 3-4.
[13] Vgl. *Heiser* (2018), S. 59-65.

Die vorgestellten Erhebungsmethoden werden wegen der Fülle und Nützlichkeit als „Multi-Methoden-Mix" bezeichnet.[14]

Das Ergebnis dieser Studie war, dass die Forscher Marienthal als „müde Gemeinde" bezeichneten. Dazu wurde zwischen Menschen differenziert, die resignierten, hoffnungslos, gleichgültig und ungebrochen waren. Hervorzuheben ist, dass sich das Zeiterleben bei beschäftigungslosen Männern verschoben hatte, bzw. die Tagesstruktur an Bedeutung verlor.[15]

Die neue Freizeit entpuppte sich für die Bewohner nicht als Vorteil, sondern als tragisches Geschenk. Sie wussten nicht, wie sie ihre neu gewonnene Freizeit nutzen sollten. Ferner stellte das Team fest, dass Frauen im Durchschnitt wussten, was sie in ihrer neu gewonnen Freizeit tun sollten. Sie blieben beispielsweise für persönliche Gespräche mit ihren Mitmenschen nicht so lange stehen wie es die Männer taten. Dies aus dem Grund, da sie im Gegensatz zu den meisten Männern immer noch eine Menge sinnvoller Arbeit zu verrichten hatten, da sie zumeist einen Haushalt führten oder beispielsweise Kleidung und Bettwäsche bestmöglich ausbesserten.[16]

1.3 Einzelne Schritte bei der inhaltlich strukturierenden Inhaltsanalyse

Die strukturierende Inhaltsanalyse kann in verschiedene Formen differenziert werden. Sämtliche Verfahren besitzen die Eigenschaften der deduktiven Anwendung. Das bedeutet, Kategorien werden festgelegt und definiert, bevor das Datenmaterial analysiert wird. Das Ziel ist es, bestimmte Elemente aus dem Material zu extrahieren. Dabei wird zwischen der formalen, typisierenden und der skalierenden Strukturierung unterschieden.[17]

Die strukturierende qualitative Inhaltsanalyse wird vielfach in Forschungsprojekten eingesetzt. Der erste Schritt beinhaltet das Schreiben von Memos und eine Zusammenfassung des Falles. Hierbei wird der Text aufmerksam durchgelesen, wichtige Textabsätze markiert und Notizen niedergeschrieben. Alle Anmerkungen und Ideen werden in Memos festgehalten. Daran anknüpfend werden die Materialien gesichtet und thematisch passende Hauptkategorien dazu entwickelt. Die Hauptkategorien werden oftmals aus der Forschungsfrage herausgearbeitet. Im nächsten Schritt findet das Codieren des Materials der Hauptkategorien statt. Es wird empfohlen, nach dem Prozess der Codierung eine Ausdifferenzierung der allgemeinen Kategorien vorzunehmen.[18]

Von den jeweiligen Hauptkategorien werden sämtliche Textstellen zusammengefasst. Nun findet eine Analyse der vorher ausgewählten Textpassagen statt und es werden Unterkategorien mittels Induktion gebildet. Diese sind differenzierter und präziser als die vorherigen

---

[14] Vgl. *Pohl* (2004), S. 9-10.
[15] Vgl. *Heiser* (2018), S. 68.
[16] Vgl. *Pohl* (2004), S. 9.
[17] Vgl. *Hertling* (2020), S. 145-147.
[18] Vgl. *Kuckartz* (2018), S. 101-106.

Hauptkategorien. Beim zweiten Materiallauf wird eine erneute Codierung des vorhandenen Datenmaterials durchgeführt. Indessen kann die kategorienbasierte Auswertung stattfinden, deren Ergebnisse abschließend in einem schriftlichen Forschungsbericht präsentiert werden.[19]

1.4 Einzelne Schritte der evaluativen, qualitativen Inhaltsanalyse

Diese Form der Inhaltsanalyse konzentriert sich auf das Evaluieren, die Einordnung und Bewertung von Inhalten durch Forscher. Hierbei werden die Kategorienmerkmale eingeschätzt, was eine gute Sprach- und Interpretationsfähigkeit von Codierern voraussetzt.[20]

Die evaluative Inhaltsanalyse erfolgt in sieben Stufen. Zu Beginn werden anhand der Forschungsfrage die Kategorien festgelegt und in die Inhaltsanalyse eingebunden. Dabei wird auch der Frage nachgegangen, woher die einzuschätzenden Kategorien stammen. Diese werden meist deduktiv entwickelt, können sich aber auch während des Bewertungsprozesses ergeben.[21]

Daran anknüpfend werden sämtliche Materialkomponenten, die sich auf die ausgewählte Kategorie beziehen, identifiziert und codiert. In dieser Phase müssen alle Materialien fertiggestellt sein. Jeder Textabschnitt mit Informationen zu den Schlüsselkategorien wird codiert. Hierbei wird, wie bei der inhaltlich strukturierenden Analyse, eine kategorienbasierte Auswertung durchgeführt. Es findet eine fallbezogene Zusammenstellung aller codierten Segmente für die betreffende Kategorie statt. Die nächste Handlung beinhaltet die Bestimmung der Ausprägungen für die festgelegten Kategorien. Essenziell ist, dass mindestens drei Merkmale definiert sein müssen:[22]

- Hohe Ausprägung (hohes Kategorienniveau).
- Niedrige Ausprägung der Kategorie.
- Nicht klassifiziert, das heißt, unzureichende Informationen stehen zur Verfügung, sodass eine zuverlässige Zuordnung nicht möglich ist.

In diesem Stadium der Analyse ist eine Festlegung notwendig, ob der gesamte Text oder jeder Abschnitt einzeln zu bewerten ist. Der Zweck der evaluativen Inhaltsanalyse besteht darin, am Schluss eine Bewertung des gesamten Textes vorliegen zu haben. Wenn die Anzahl der Codierungen nicht allzu hoch ist, wird empfohlen eine sofortige Gesamtbeurteilung für den jeweiligen Text durchzuführen.[23]

Stufe 5 umfasst die Benotung und Codierung aller Materialien. In dieser Phase erfolgen eine

---

[19] Vgl. *Schneijderberg et al.* (2022), S. 40.
[20] Vgl. *Hertling* (2020), S. 148.
[21] Vgl. *Kuckartz* (2018), S. 126.
[22] Vgl. *Hertling* (2020), S. 149-150.
[23] Vgl. *Kuckartz* (2014), S. 101.

abschließende kategorienbezogene Bewertung und entsprechende Bewertungscodes für alle Materialien. In Zweifelsfällen kann durch ein Memo bestimmt werden, weshalb eine Person eine entsprechende Einschätzung erhalten hat. Ein besonderes Augenmerk richtet sich auf das Auffinden geeigneter Beispiele, die im Forschungsbericht festgehalten werden können. Anschließend werden die bewerteten Kategorien analysiert. Hierbei können sieben verschiedene Formen der deskriptiven Ergebnisdarstellung eingesetzt werden:

- Deskriptive Auswertung individueller Kategorien,
- verbal-interpretative Auswertung individueller Kategorien,
- Kreuztabellen mit anderen Bewertungskategorien,
- Kreuztabellen, welche Zusammenhang mit soziodemografischen Merkmalen aufweisen,
- Tabellarische Übersicht (multivariat),
- Zusammenhänge mit thematischen Kategorien, zum Beispiel durch Kreuztabellen,
- vertiefende Einzelfallinterpretationen.

Die ersten beiden Prüfungsformen finden in der sechsten Stufe statt, während die dritte bis siebte, in der letzten Stufe stattfindet.[24]

1.5 Unterschiede der beiden Methoden

Beide qualitativen Inhaltsanalysen unterscheiden sich voneinander. Die evaluative Inhaltsanalyse findet stärker hermeneutisch interpretativ statt und kann somit als ganzheitliche Orientierung angesehen werden. Die Codierer müssen bessere Fähigkeiten bei der Sprach- und Interpretationsfähigkeiten als bei der strukturierenden Methode vorweisen, da die Klassifizierungen und Bewertungen höhere Kenntnisse erfordern. Im Allgemeinen sind die Kategorien in der evaluativen Inhaltsanalyse tendenziell größer festgehalten als Kategorien oder Unterkategorien in der strukturierenden Inhaltsanalyse.[25]

Die evaluativ qualitative Inhaltsanalyse lässt sich vorwiegend für eine Klassifizierung von Inhalten einsetzen, während sich die strukturierende Form der Inhaltsanalyse besonders gut für die Bewertung von Themen und Sachverhalten eignet. Zu erwähnen ist auch, dass die strukturierende Form der Inhaltsanalyse das breiteste Spektrum an wissenschaftlichen Anwendungen abdeckt. Jedoch ist die evaluative Inhaltsanalyse auch als eine weitverbreitete Variante anzusehen.[26]

Somit stehen bei der inhaltlich strukturierenden Inhaltsanalyse die thematische Struktur und die Beschreibung des Materials im Fokus. Bei der evaluativen Inhaltsanalyse werden

---

[24] Vgl. *Hertling* (2020), S. 149-152.
[25] Vgl. *Kuckartz* (2018), S. 140-141.
[26] Vgl. *Kuckartz* (2014), S. 110.

Kategorien verwendet, welche es Forschern ermöglichen, das Material auf ausgewählten Dimensionen zu bewerten oder einzuschätzen.[27]

2 Aufgabe B2: Fragenformulierung beim Interview

2.1 Interview – Eine kurze Begriffsdefinition

Interviews sind zu einer der wichtigsten wissenschaftlichen Methoden der Datenerhebung geworden. Das Interview lässt sich wie folgt definieren: Die Erhebung findet in Form von mündlichen Fragen statt. Es handelt sich hierbei um eine asymmetrische Kommunikation, in welcher der Interviewer Fragen stellt, seine eigenen Bewertungen und Ansichten jedoch nicht preisgibt, und der Interviewte diese Fragen beantwortet. Es wird zwischen quantitativen (standardisierten) Interviews und qualitativen (semi-standardisierten, nicht-standardisierten) Interviews differenziert. Bei den am häufigsten verwendeten quantitativen Face-to-Face-Umfragen liest der Interviewer, wie auch bei den mündlichen Interviews, die Fragen von einem Papierfragebogen oder einem Computerbildschirm ab und zeichnet die Antworten der Befragten auf. Hierbei liegt der Fokus auf dem verbalen Austausch.[28]

Interviews mögen als Datenerhebungsmethode so beliebt sein, weil sie auf den ersten Blick einem alltäglichen Gespräch ähneln und es nicht schwierig ist, Fragen zu stellen. Doch ist das Führen eines effektiven Interviews weitaus komplexer und schwieriger als die Durchführung eines Intelligenztests oder Persönlichkeitsfragebogens.

Die Bandbreite von Interviews ist groß:

- Interviews können in unterschiedlichen Settings und mit unterschiedlichen Hilfsmitteln durchgeführt werden.
- Ein klassisches Vorstellungsgespräch beginnt im Rahmen realer Begegnungen, jedoch kommen über die Jahre auch vermehrt Telefoninterviews zum Einsatz.
- Die Dauer der Interviews variiert und die benötigte Zeit für das Interview kann sehr unterschiedlich ausfallen.
- Es können mehr als zwei Personen am Interview teilnehmen, so kann die Anzahl der Interviewer und Befragten variieren. Ein Vorstellungsgespräch kann beispielsweise mehrere Interviewer einschließen.
- Interviews verfolgen unterschiedliche Ziele.[29]

---

[27] Vgl. *Kuckartz* (2018), S. 142.
[28] Vgl. *Reinhardt* (2020), S. 11.
[29] Vgl. *Renner/Jacob* (2020), S. 10-11.

2.2 Konkrete Fragen bei Interviews

Interviewmethoden beschreiben, wie eine optimale Formulierung der Fragen erfolgen soll. Diese Regeln zielen darauf ab, dass der Befragte die Fragen richtig versteht, um schließlich eine gültige Antwort für eine Studie zu erhalten. Außerdem sollte dem Interviewten das Antworten erleichtert werden. Die folgenden Hinweise beziehen sich in erster Linie auf Interviews in der psychologischen Forschung.[30]

Allgemein ist zu empfehlen, dass die Fragen einfach und klar formuliert werden oder nicht unnötig zu komplex und umständlich sind. Ferner sind Fragen mit Fremdwörtern und Fachbegriffen zu vermeiden, da sie einen Widerspruch auf die Einfachheit darstellen. Folgendes Beispiel kann dies verdeutlichen:

- Komplizierte, zu lange und unklar formulierte Aufgabenstellung: Bitte beschreiben Sie Ihre Bemühungen, Maßnahmen und Strategien, die mit dem Leben einhergehen, damit Sie Ihre Lernbedürfnisse für das Studium erfüllen und die täglichen Herausforderungen im Zusammenhang mit Ihrer Mutterschaft oder Vaterschaft erfüllen können.
- Einfache, klar formulierte Frage: Wie vereinbaren Sie Ihr Studium mit Ihren Kindern?[31]

Befragungen von Kindern oder Erwachsenen, deren Muttersprache von der Interviewsprache abweicht, hat in den vergangenen Jahren deutlich zugenommen. Hierbei sollte mehr auf eine einfache Fragestellung geachtet werden als beispielsweise bei Interviews mit Akademikern. Als weiteres essenzielles Kriterium kann die Eindeutigkeit herangezogen werden. Dabei sollen sich die eindeutigen Fragen auf nur einen Aspekt konzentrieren. Sofern Fragen gestellt werden, die mehrere Aspekte beinhalten, kann dies irritierend auf die Befragten wirken, da diese erst erkennen müssen, was eigentlich gefordert wurde, um anschließend die Schwerpunkte in ihren Antworten zu wählen. Folgendes Beispiel illustriert sowohl eine negative als auch positive Fragestellung:

- Missverständliche Frage: Können Sie regelmäßig am Unterricht teilnehmen oder ist das manchmal wegen fehlender Kinderbetreuung nicht möglich und wählen Sie dann den Kurs nach der Uhrzeit aus, bei der eine Kinderbetreuung möglich ist?
- Eindeutige Frage: Nach welchen Kriterien haben Sie sich für den jeweiligen Kurs entschieden?

Ferner können Fragen missverständlich sein, wenn sie doppelte Verneinungen besitzen:

- Doppelte Verneinung: Glauben Sie nicht manchmal, dass Sie wegen ihrer Kinder nicht weiter studieren sollen?

---

[30] Vgl. *Reinhardt* (2020), S. 32.
[31] Vgl. *Wittkowski* (1994), S. 29-30.

- Einfache Fragestellung ohne Verneinung: Haben Sie bereits an einen Abbruch Ihres Studiums aufgrund ihrer Kinder nachgedacht?[32]

Die Bestandteile der einzelnen Fragen sollen zudem so kurz wie möglich sein. Dies führt zu einem besseren Verständnis und einem weniger schnellen Überhören oder Überlesen relevanter Wörter bzw. Sätze. Anhand der folgenden Beispiele wird dies deutlich:

- Ungünstige Formulierung: Sie werden jetzt einige Einkommensklassen erfahren. In welche Gruppe würden Sie Ihren Haushalt anhand des monatlichen Nettoeinkommens zuordnen? Gemeint ist die Summe aus Löhnen, Gehältern, Einkünften aus selbstständiger Tätigkeit oder auch Renten. Erforderlich ist auch, dass Sie die Steuern abziehen und eventuelle Einkünfte aus Vermietung oder Kindergeld dazu addieren.
- Günstige Formulierung: Wie hoch ist Ihr gesamtes monatliches Nettoeinkommen? Damit ist die Summe von sämtlichen Personen gemeint, welche sich nach Abzug von Steuern und Sozialversicherungsbeiträgen ergibt.

Es sollen darüber hinaus keine überflüssigen Fragen gestellt werden. Aus diesem Grund soll der jeweilige Fragebogen bzw. Interviewleitfaden als Ganzes überprüft werden, ob jede Frage tatsächlich notwendig ist. Überflüssige Fragen erzeugen zusätzlichen Stress und verlängern das Interview.[33]

Die Art und Weise, wie Fragen im Interview gestellt werden, trägt entscheidend dazu bei, dass bei sehr persönlichen Themen keine Missverständnisse oder Abwehrhaltungen entstehen und sich letztendlich die Motivation zur Teilnahme erhöht. Es geht also bei der Formulierung der Fragen insbesondere darum, dass die Gesprächspartner diese ohne zusätzliche Informationen verstehen und daraus folgend eine positive Gestaltung der Gesprächsatmosphäre ermöglicht wird.[34]

Zusammenfassend sind optimal gestaltete Bestandteile die wichtigsten Grundlagen für valide, verlässliche und reliable Fragen in einem Interview. Deshalb wird empfohlen, nach Möglichkeit immer etablierte Tools zu verwenden. Neu erstellte Fragebögen sollen auch auf jeden Fall einer ersten Prüfung unterzogen werden.[35]

---

[32] Vgl. *Renner/Jacob* (2020), S. 48-49.
[33] Vgl. *Brandenburg et al.* (2021), S. 14-15.
[34] Vgl. *Wittkowski* (1994), S. 29.
[35] Vgl. *Brandenburg et al.* (2021), S. 11.

3 Aufgabe B3: Güterkriterien

3.1 Rolle der Gütekriterien in der qualitativen Forschung

In der Literatur wird kontrovers über angemessene Qualitätsstandards in der qualitativen Wissenschaft diskutiert. Die Qualitätsansprüche rudern dabei allgemein in zwei Richtungen – zum einen in Richtung der Forscher und zum anderen in die der Leser, wobei diese in der Forschung unerlässlich sind. Die Verwendung von Qualitätskriterien in der quantitativen Forschung wie beispielsweise der Objektivität sichert die Glaubwürdigkeit der Forschungsresultate, was bedeutet, dass ohne Qualitätsstandards keine erstklassigen und belastbaren Forschungsresultate möglich sind. Kurz gesagt: Ohne Qualitätsstandards sind Forschungsergebnisse wertlos.[36]

Trotz des rasanten Wachstums der Zahl qualitativer Forschungsprojekte in den letzten Jahrzehnten besteht noch immer kein Konsens darüber, welche Qualitätskriterien bewertet werden sollen und wie die Qualitätskriterien für die qualitative Forschung ausfallen. Qualitativen Forschungsmethoden wird jedoch häufig vorgeworfen, Erklärungen und Ergebnisse zu rechtfertigen, indem die Textpassagen, die der Forscher für wichtig oder typisch hält, einfach zu präsentieren und ungeklärte Fälle oder Textpassagen, für die es keine Begründung gibt, zu ignorieren.[37]

Ebenfalls offen ist die Frage, ob hier die klassischen Qualitätskriterien der quantitativen Forschung herangezogen werden sollen, oder ob die Vielfalt und Einzigartigkeit qualitativer Forschungsmethoden neue, gesonderte Bewertungskriterien erfordert. Es können drei wesentliche Vorschläge für die Bestimmung der Gütekriterien genannt werden:

- Allgemein ist es nicht möglich, Kriterien zur Beurteilung der Qualität in der qualitativen Forschung zu entwickeln. Diese Ansicht ist mit Vorsicht zu genießen, da Forschung ohne jegliche Qualitätsmaßstäbe willkürlich werden kann.
- Quantitative Kriterien wie Objektivität, Reliabilität und Validität sind geeignete Kriterien für qualitative Forschung, nachdem sie modifiziert wurden.
- Für die qualitative Forschung können eigene Gütekriterien entwickelt werden, die eine Anwendung finden.[38]

Hinsichtlich der Datenerhebung werden Objektivitätskriterien verwendet, wobei diese in der qualitativen Forschung kritisch gesehen werden. Das Prinzip der Intersubjektivität stellt eine Annäherung des Kriteriums Objektivität dar.

Dieses Prinzip basiert auf folgenden Annahmen: Bei den Resultaten der qualitativen

---

[36] Vgl. *Meyen et al.* (2011), S. 47.
[37] Vgl. *Mey/Mruck* (2020), S. 252-253.
[38] Vgl. *Ornau (2014)*, S. 73-74.

Forschungsprozesse erfolgt eine kritische Reflexion und es findet eine Einbindung in den Diskurs statt. Hierbei müssen die Ergebnisse auch für Laien bzw. andere Personen nachvollziehbar sein. Ist dies der Fall, ist die Rede von einem Qualitätsstandard für Intersubjektivität. Allgemein muss die qualitative Forschung einen Schritt weiter gehen als die quantitative Forschung, die in einigen Fällen durch das Sammeln von Daten und deren statistischer Analyse erfolgen kann. Um den Qualitätsstandard der Intersubjektivität zu wahren, müssen die Leser die Inhalte der Forschung verstehen und sich schließlich eine eigene Meinung bilden können. Dabei ist auch von hoher Relevanz, aufzuzeigen, wie eine Rückverfolgung der ursprünglichen Quellen der Daten aussieht.[39]

Auch das Kriterium der Reliabilität entstammt der Perspektive der quantitativen Tradition. Reliabilität definiert, wie wiederholbar Messverfahren und Ergebnisse sind. In qualitativen Situationen kommt es jedoch nicht auf die Reproduzierbarkeit an und ist zudem oft nicht möglich. Aus diesen Gründen ist das Konzept der Reliabilität durch Verlässlichkeit zu ersetzen.[40] Reliabilität beschreibt generell die formale Genauigkeit der wissenschaftlichen Forschung. Die gewonnenen Ergebnisse sollen dabei frei von Zufallsfehlern sein, was bedeutet, dass ein Experiment unter gleichen Rahmenbedingungen reproduziert sein muss. Zur Wahrung der Qualitätsanforderungen an die Verlässlichkeit bedarf es einer einheitlichen Klassifizierung von Bewertungskategorien für Textmaterial. Insgesamt kommt es auch auf die Genauigkeit und Konsistenz der Codierungsrichtlinien und deren präzise und korrekte Anwendung an.[41]

Des Weiteren ist die Validität essenziell, sowohl in der quantitativen als auch qualitativen Forschung. Hierbei geht es um die Tatsache, ob das gemessen wird, was zu messen ist. Beim Entwerfen und Auswerten psychologischer Tests können die Aspekte für die Kriteriumsvalidität (Abgleich von Testergebnissen mit externen Standards), prophezeiende Validität (Prognose zukünftigen Verhaltens basierend auf Testergebnissen) und Validität des Inhalts (Spezialisten bewerten die Validität des Tests) verwendet werden.[42]

Darüber hinaus sind die verschiedenen Möglichkeiten der Validität nur bedingt indirekt auf die qualitative Forschung übertragbar, da die Komplexität qualitativer Fragestellungen und die fehlende Quantifizierung es erschweren, valide externe Kriterien zu finden und klare und überprüfbare Vorhersagen zu formulieren:

- Interviews oder Beobachtungsleitfäden vor Untersuchungsbeginn erproben und bei Bedarf ändern.
- Teilnehmer im Vorhinein optimal für das Interview schulen. Hierfür empfiehlt sich die Durchführung mehrerer Interviews.
- Die Garantie der Vertraulichkeit ermöglichen in dem zu Beginn sparsam persönliche

---

[39] Vgl. *Hussy et al.* (2010), S. 265-266.
[40] Vgl. *Ornau (2014)*, S.74.
[41] Vgl. *Baur/Balsius (2019)*, S. 474-475.
[42] Vgl. *Hussy et al.* (2010), S. 268.

Fragen eingesetzt werden.[43]

Dennoch gibt es eine Reihe von Verfahren, die die Anpassung des Validitätsbegriffs an die Bewertung qualitativer Forschung ermöglicht. Hierzu zählen insbesondere das Verfahren der kommunikativen Validierung und die Triangulation. In der kommunikativen Validierung werden die Resultate den Befragten mitgeteilt, wobei die Befragten ihre Zustimmung geben müssen. Die Forscher und Probanden diskutieren die Ergebnisse gemeinsam, um die Ergebnisse zu validieren. Wenn die Probanden die gewonnenen Ergebnisse bestätigen und sich darunter wiederfinden, kann davon ausgegangen werden, dass diese Ergebnisse eine gewisse Gültigkeit haben.[44]

Ob eine solche Validierung sinnvoll erscheint, hängt jedoch stark von den Zielen der Studie und Methode ab. Die kommunikative Validierung sollte insbesondere bei subjektiven Bedeutungen und Sichtweisen eingesetzt werden. Als weiteres Validitätskriterium für qualitative Forschung können die Methoden der Triangulation herangezogen werden. Triangulation kombiniert verschiedene Arbeitsweisen, Forschungsgruppen, verschiedene Kontexte und verschiedene theoretische Perspektiven, um mit einem Phänomen umzugehen. In der heutigen Diskussion zur Methodenauswahl wird die Kombination aus mehreren Methoden eher der Komplementarität als der Validität zugeschrieben: Unterschiedliche Methoden eröffnen unterschiedliche Ansichten zu Objekten und es findet eine Ergänzung untereinander statt.[45]

Sollte die Übertragung und Adaption quantitativer Qualitätsstandards auf die qualitative Forschung als unangemessen und nicht befriedigend empfunden werden, ist es sinnvoll, eigene Qualitätsstandards zu konzipieren. Die intersubjektive Verständlichkeit soll ein kritisches Verständnis empirischer Forschung unter Forschern und Lesern ermöglichen.

Es wird empfohlen, dies auf drei Arten durchzuführen:

- Die Bestandsaufnahme des Forschungsprozesses. Hierbei soll das Vorverständis der Forscher, Ermittlungsmethode und Ermittlungshintergrund, Transkriptionsregeln, Bewertungsmethode, Informationsquellen, Entscheidungen und allfällige Probleme wie auch die Standards, die die Arbeit erfüllen sollte, und die Selbstreflexionsanalyse der Forscher angemessen beschrieben und dokumentiert werden.

- Gruppeninterpretation als Diskursformen zu nutzen, die durch explizite Verarbeitung von Daten und deren Interpretationen Intersubjektivität und Verständlichkeit herstellen.

- Es sollen kodifizierte Verfahren angewendet werden.[46]

---

[43] Vgl. *Baur/Balsius* (2019), S. 476-477.
[44] Vgl. *Altrichter* (2018), S. 186.
[45] Vgl. *Hussy et al.* (2010), S. 268-269.
[46] Vgl. *Wirtz/Petrucci* (2007)

3.2 Inhaltsanalyse unter Verwendung von Qualitätskriterien als mögliche Bewertungsinstrumente von qualitativen Interviewdaten

Das Kriterium der intersubjektiven Nachvollziehbarkeit kommt in der qualitativen Inhaltsanalyse vor. Bereits in der Planungsphase zählen die Wahl der Forschungsfragen und die Wahl der Hypothesen. Während der Entwicklungsphase sind die Qualitätsstandards für die intersubjektive Nachvollziehbarkeit ebenfalls von erheblicher Relevanz. In diesem Schritt wird das Kategoriensystem entwickelt und der Codierungsregelsatz. Diese werden im Codebuch aufgezeichnet, womit eine intersubjektive Nachvollziehbarkeit möglich ist. In den nachfolgenden Codierungsstufen erfolgt die eigentliche Codierung. Die Verteilung des Materials findet nach dem Zufallsprinzip statt. Während dieser abschließenden Codierungsphase muss sichergestellt werden, dass dieses Kriterium ebenfalls erfüllt ist.[47]

In der qualitativen Forschung ist die Subjektivität des Forschers ein wichtiger Teil der Arbeit. Jedes Stück Text und jede aus dem Interview entfernte Vereinfachung ist relevant. Trotz einer bewussten Objektivität fließt die eigene Subjektivität der Forscher mit ein. Um die Subjektivität bestmöglich herausnehmen, kann eine kommunikative Validierung durchgeführt werden. Forscher tauschen sich über Materialien aus, prüfen, ob diese ähnlich funktionieren, und ziehen entsprechende Schlüsse. Diese Erkenntnis daraus ist zumindest ein Schritt in Richtung Objektivität.[48]

Die Triangulation dient dazu, der Subjektivität der Forschenden entgegenzuwirken. Folgende Möglichkeiten können differenziert werden:

- Die Durchführung der Triangulation könnte beispielsweise mit einer anderen qualitativen Inhaltsanalyse stattfinden. Hierbei erfolgt die Anwendung einer anderen Stichprobe. Sofern eine Replikation der Resultate der ersten Inhaltsanalyse auf andere Probanden möglich ist, können die Ergebnisse als zuverlässig angesehen werden.

- Eine Triangulation lässt sich auch mit quantitativen Methoden durchführen. Quantitative Fragebögen werden in den meisten Fällen auf Basis bereits durchgeführter qualitativer Inhaltsanalysen konzipiert, wobei Daten erhoben, statistische Testverfahren durchgeführt und anschließend die aus der qualitativen Inhaltsanalyse gewonnenen Ergebnisse betrachtet werden. Das Ziel ist zu ermitteln, ob eine quantitative Abbildung möglich ist.[49]

Abschließend kann gesagt werden, dass die ausgewählten Qualitätskriterien Anwendung in der Inhaltsanalyse qualitativer Interviewdaten finden. Jedes Kriterium deckt einen bestimmten

---

[47] Vgl. *Wassong* (2017), S. 270.
[48] Vgl. *Baur/Balsius* (2019), S. 475.
[49] Vgl. *Mayring* (2016), S. 147-148.

Bereich der Inhaltsanalyse ab.[50]

---

[50] Vgl. *Wassong* (2017), S. 271.

4 Literaturverzeichnis

Altrichter, H./Posch, P./Spann, H. (2018), Lehrerinnen und Lehrer erforschen ihren Unterricht, 5. Aufl., Düsseldorf

Baur, N./Blasius, J. (2019), Handbuch Methoden der empirischen Sozialforschung, 2. Aufl., Wiesbaden.

Brandenburg, T./Mehlich, P./Thielsch, M. T. (2021), Praxis der Wirtschaftspsychologie. Band 2: Fragen, Führen und Verändern, 1. Aufl., Lengerich/Westfalen.

Heiser, P. (2018), Meilensteine der qualitativen Sozialforschung. Eine Einführung entlang klassischer Studien, 1. Aufl., Wiesbaden.

Hertling, D. (2020), Zahlbegriffsentwicklung bei Kindergartenkindern. Lernentwicklungen in verschiedenen Settings zur mathematischen Frühförderung, 1. Aufl., Wiesbaden.

Hussy, W./Schreier, M./Echterhoff, G (2010), Forschungsmethoden in Psychologie und Sozialwissenschaften für Bachelor, 1. Aufl., Heidelberg.

Kuckartz, U./Rädiker, S. (2022), Qualitative Inhaltsanalyse. Methoden, Praxis, Computerunterstützung, 5. Aufl., Basel.

Kuckartz, U. (2014), Qualitative Inhaltsanalyse: Methoden, Praxis, Computerunterstützung. 2. Aufl., Weinheim/Basel.

Kuckartz, U. (2018), Qualitative Inhaltsanalyse. Methoden, Praxis, Computerunterstützung, 4. Aufl., Weinheim/Basel.

Mayring, P. (2015), Qualitative Inhaltsanalyse. Grundlagen und Techniken, 12. Aufl., Weinheim und Basel.

Mayring, P. (2016), Einführung in die qualitative Sozialforschung. Eine Anleitung zu qualitativem Denken, 6. Aufl., Weinheim und Basel.

Mey, G./Mruck, K. (2020), Handbuch Qualitative Forschung in der Psychologie. Band 2: Designs und Verfahren, 2. Aufl., Wiesbaden.

Meyen, M./Löblich, M./Pfaff-Rüdiger, S./Riesmeyer, C. (2011), Qualitative Forschung in der Kommunikationswissenschaft. Eine praxisorientierte Einführung, 1 Aufl., Wiesbaden.

Ornau, F. (2014), Inhaltsanalyse, 1. Aufl., Studienbrief der SRH Fernhochschule, Riedlingen.

Pohl, S. (2004), Methodenmix der Studie "Die Arbeitslosen von Marienthal", 1. Aufl., München.

Reinhardt, R. (2020), Interviewtechnik, 3. Aufl., Studienbrief der SRH Fernhochschule, Riedlingen.

Renner, K. H./Jacob, N.C. (2020). Das Interview. Grundlagen und Anwendung in Psychologie und Sozialwissenschaften. 1. Aufl., Wiesbaden.

Schneijderberg, C./Wieczorek, O./Steinhardt, I. (2022), Qualitative und quantitative Inhaltsanalyse: digital und automatisiert. Eine anwendungsorientierte Einführung mit empirischen Beispielen und Softwareanwendungen, 1. Aufl., Basel.

Staman, C./Janssen, M./Schreier, M. (2016), Qualitative Inhaltsanalyse - Versuch einer Begriffsbestimmung und Systematisierung, https://www.qualitative-research.net/index.php/fqs/article/view/2581/4023, abgerufen am 01.10.2022.

Wassong, T. (2017), Datenanalyse in der Sekundarstufe I als Fortbildungsthema, 1. Aufl., Wiesbaden.

Wirtz, M./Petrucci, M. (2007), Gütekriterien. QUASUS. Qualitatives Methodenportal zur Qualitativen Sozial-, Unterrichts- und Schulforschung, https://www.ph-freiburg.de/quasus/was-muss-ich-wissen/was-ist-qualitative-sozialforschung/guetekriterien.html, abgerufen am 03.10.2022.

Wittkowski, J. (1994), Das Interview in der Psychologie. Interviewtechnik und Codierung von Interviewmaterial, 1. Aufl., Darmstadt.